4° L¹¹k
930

AF357030

LES PROBLÈMES

DE LA

Politique indigène

et économique

AU CONGO FRANÇAIS

Par M. PAUL BOURDARIE

Directeur de la *Revue Indigène*

ROUEN

IMPRIMERIE E. CAGNIARD (Léon GY, successeur)

Rues Jeanne-Darc, 88. et des Basnage, 5

—

1906

LES PROBLÈMES

DE LA

Politique indigène

et économique

AU CONGO FRANÇAIS

Par M. PAUL BOURDARIE

Directeur de la *Revue Indigène*

ROUEN

IMPRIMERIE E. CAGNIARD (Léon GY, successeur)

Rues Jeanne-Darc, 88, et des Basnage, 5

—

1906

Extrait du Bulletin de la Société normande de Géographie

(2e Cahier de 1906 — pp. 82-106)

LES PROBLÈMES DE LA POLITIQUE INDIGÈNE & ÉCONOMIQUE

AU CONGO FRANÇAIS

Conférence de M. PAUL BOURDARIE

Directeur de la *Revue Indigène*

ALLOCUTION DU PRÉSIDENT

MESDAMES, MESSIEURS,

Obéissant à une tradition de notre Société, qui veut que votre Vice-Président préside une de vos réunions, chaque année, je dois, dis-je, à cette tradition, l'insigne honneur d'occuper le fauteuil de notre sympathique Président, M. Robillard, et de présider votre réunion de ce jour.

Notre distingué conférencier, M. Bourdarie, que j'ai l'honneur de présenter à la Société normande de Géographie, et qui est à la fois un de nos polémistes coloniaux des plus appréciés et aussi un des collaborateurs les plus assidus de l'Association cotonnière coloniale, fut chargé, il y a quelques années, par le Gouvernement français, de missions importantes dans nos possessions de l'Afrique occidentale; aussi, M. Bourdarie se propose-t-il de vous entretenir, ce soir, du Congo et plus particulièrement de la vie de l'Européen dans ce pays, comme il se propose également de traiter, le mois prochain, devant notre Chambre de Commerce, la question du coton au point de vue purement économique.

Dans une région comme notre région normande où nous nous intéressons tant à tout ce qui a trait à la politique coloniale, ne serons-nous pas tous curieux, anxieux même, de connaître les impressions recueillies par M. Bourdarie pendant son long séjour au Congo.

De ces impressions, en effet, naissent souvent de fécondes initiatives individuelles, souvent aussi des Sociétés d'études pour la mise en valeur des vastes territoires soumis à notre domination.

N'est-ce pas ainsi que se créa, il y a quelques années, précisément, l'Association cotonnière coloniale à laquelle je faisais allusion tout à l'heure, et qui fait le plus grand honneur à notre industrie textile, Association qui a implanté et propagé la culture du cotonnier dans nos possessions du Soudan et du Sénégal, et au sein de laquelle nous voyons figurer les noms les plus sympathiques et les plus brillants de notre industrie régionale.

Puissions-nous, et c'est là le vœu que nous formulons, voir bientôt les efforts de ces distingués champions de la colonisation couronnés d'un succès digne de leur initiative, de leur zèle et de leur persévérance.

Comme je m'en voudrais de vous priver plus longtemps du légitime désir d'entendre M. Bourdarie, je vais m'empresser de lui donner la parole.

M. Bourdarie, au nom de la Société normande de Géographie, j'ai l'honneur de vous donner la parole.

CONFÉRENCE

Mesdames, Messieurs,

Monsieur le Président,

Je suis profondément reconnaissant à la Société normande de Géographie de m'avoir appelé à l'honneur de prendre la parole devant vous ce soir. Mais je ne suis pas sans éprouver une forte inquiétude à me trouver en présence d'une assemblée aussi nombreuse et aussi choisie, habituée, je le sais, à entendre la parole des grands explorateurs qui ont fait l'empire colonial français. Aussi, n'attendez pas que je vous donne le récit de voyages personnels, dont l'importance fut si petite et les incidents dépourvus de tout intérêt.....

Un problème passionnant appelle, à l'heure qu'il est, l'attention de tout le monde, c'est *la question du Congo*, car il y a une question du Congo. Je ne suis ici pour défendre personne, pas même M. Gentil, que ses actes, mieux que ma parole, suffisent à défendre. Mais ce que j'ai l'intention de défendre devant vous, c'est le Congo lui-même, en mettant en lumière les problèmes qu'il offre à notre sollicitude, et en prévenant ceux qui ne peuvent l'étudier qu'à distance contre les erreurs de jugement toujours possibles, surtout quand la passion politique apporte ses déformations nées de raisonnements absolus.

Dispensez-moi donc de tout récit pittoresque, et préparez-vous, je vous en prie, à envisager avec moi des problèmes graves, à peser des idées sérieuses. J'apporterai dans cette étude le souci constant de l'exactitude et de la sincérité. Les projections, qui appuieront successivement les divers ordres d'observations que j'ai à vous soumettre, en seront comme la démonstration visuelle et vous serviront de repos. Elles seront groupées pour vous faire exécuter un voyage dans toute la colonie. Vous ferez ce voyage sans quitter vos fauteuils.

*
* *

Il est mort, il y a quelques mois à peine, un homme qui avait fait cette chose merveilleuse, n'étant pas né français, de donner à la France les vastes territoires par lui découverts et de lui constituer une colonie trois fois grande comme elle-même. L'Afrique, qui avait eu ses premiers rêves de gloire et ses premiers projets de colonisation a eu aussi son dernier soupir. Cet homme, c'était Pierre Savorgnan de Brazza; ce pays, devenu colonie française, c'est le Congo.

D'autres ont pu vous raconter l'histoire de la formation du Congo. Je n'ai pas à la refaire aujourd'hui. Il est cependant dans cette histoire une série de faits que je vous demande la permission de détacher. Leur symbolisme, en effet, ne peut manquer de vous frapper, comme il m'a frappé moi-même.

Nous sommes en 1840. La marine cherchait un point d'appui autre que Dakar, sur la côte africaine. Le commandant Bouet-Villaumez croit l'avoir découvert au fond de l'estuaire du Gabon où il fait relâche et s'installe. L'un des premiers actes des officiers de la marine française en ce point fut la capture d'un brick qui se livrait à la traite des esclaves. Les malheureux sont aussitôt rendus à la liberté et installés dans un village à portée des magasins à charbon que les matelots construisent. Ce village est devenu Libreville, capitale du Congo français.....

En 1875, arrive au Congo celui dont j'ai, tout-à-l'heure, rappelé le nom. De ses explorations qui vont de cette date jusqu'à 1894, je ne veux retenir qu'un incident, celui-ci :

Stanley, qui vient de descendre au prix de mille fatigues et d'autant de dangers variés, le cours du fleuve Zaïre, apprend un jour qu'un blanc se trouve dans le voisinage, et on lui annonce sa visite….. Stupéfaction profonde de Stanley de voir paraître devant lui un homme absolument dénué de *cant* et qui se fait accompagner des couleurs françaises. Le visiteur est dépenaillé, à peine chaussé et il a pour escorte une dizaine d'hommes mal armés, alors que lui, Stanley, est entouré de tout le confort désirable et commande à une troupe nombreuse de soldats et de porteurs. Et ce visiteur lui apprend que la France revendique des droits sur ces territoires !

Messieurs, il faut voir dans cet incident le symbole de la lutte que se sont livrées ou se livrent encore deux grandes races pour la prédominance dans le monde : l'une, qui asseoit sa puissance sur l'emploi fréquent de la force brutale et n'hésite pas à faire disparaître devant elle les populations indigènes — race représentée par Stanley, dont la longue route fluviale est rougie de sang humain — l'autre, dont nous sommes les premiers représentants, qui, si souvent, a mis sa force au service des faibles, et qui préfère établir sa domination sur la seule force morale — race représentée par de Brazza, qui vient de vivre pendant des mois la vie même des noirs pour mieux se faire comprendre et accepter…..

Au lendemain des actes de Berlin (1885) et de Bruxelles (1890) par lesquels l'Europe vient de spécifier les conditions dans lesquelles elle entend désormais se partager l'Afrique, un ancien compagnon de de Brazza, va trouver des hommes politiques — Percher (Harry Alis) et le prince A. d'Arenberg — auxquels il expose son plan. Il propose d'effectuer par une grande exploration la jonction, déjà suggérée par le général Philebert, sur les bords du lac Tchad, de nos possessions du sud (Congo), de l'Ouest (Soudan) et du Nord (Algérie). Cet homme, c'est Crampel. Sa proposition est acceptée, et il se fonde, pour la réaliser, un Comité qui existe encore, qui a exercé une grande influence sur les destinées de la France en Afrique, c'est le Comité de l'Afrique française.

Crampel part avec quelques compagnons. Mais, parvenu dans le bassin du Tchad, il est trahi par son guide, le targui Ischekkaed, et la mission est massacrée tout entière, sauf Nebout [1], qui est à l'arrière-garde. Deux autres missions succèdent à celle de Crampel, avec le même but : la mission Dybowski et la mission Maistre, qui obtiennent des résultats partiels…..

En 1894, l'Angleterre signe avec l'Etat du Congo une convention en vertu de laquelle elle donne à l'Etat du Congo des terres qui ne lui

[1] Notre concitoyen, aujourd'hui administrateur colonial à la Côte d'Ivoire. — *Note de la Rédaction.*

appartiennent pas, le Bahr-el-Ghazal, et se fait attribuer en échange une bande de 25 kilomètres de large le long du lac Tanganyka, juste de quoi faire passer plus tard son chemin de fer du Cap au Caire. La France et l'Allemagne, lésées dans leurs intérêts africains, protestent énergiquement. La France et l'Etat du Congo signent une convention nouvelle qui détruit en partie les effets de la première et M. Liotard est chargé d'occuper les postes évacués par les Belges et de préparer la conquête pacifique du Bahr-el-Ghazal lui-même.

Et c'est là, Messieurs, l'origine, le point de départ de cette action nouvelle de la France qui aboutit au désastre diplomatique de Fachoda. Je n'ai pas à faire ici l'historique de la mission Marchand. Mais il m'est bien permis de rappeler que le problème qu'elle avait voulu solutionner dépassait la portée d'une mission d'exploration, et que si l'Angleterre et la France ont été si profondément remuées, qu'une guerre épouvantable a failli se déchaîner, ce n'était pas pour l'unique possession de quelques milliers de kilomètres carrés d'un pays essentiellement marécageux. Ce qui était contenu dans l'occupation de Fachoda, c'était toute la question d'Egypte et du Soudan égyptien ; c'était la maîtrise de la route des Indes, en même temps que la possession d'un pays à coton et d'un pays à hommes ; c'était la possession des portes de la Méditerranée ; c'était une question de prédominance. Et vous avez eu la sensation aigüe d'une bataille perdue sans combat, et sur laquelle planait la vision de Napoléon au pied des Pyramides, et des savants français déchiffrant les hiéroglyphes, faisant sortir les Pharaons de leurs tombeaux, ou le souvenir de ce grand français, de Lesseps, qui, en perçant l'isthme de Suez, révolutionna les conditions économiques du monde !

Et pour la seconde fois sur une terre africaine, en moins de vingt-cinq ans, nous retrouvons en présence l'une de l'autre les deux grandes races que je désignais tout à l'heure : l'une, représentée par Kitchener, qui a reconquis Khartoum à la tête de 10 000 hommes de troupes, qui a laissé ses soldats tuer et massacrer à l'aise dans l'enivrement de la victoire et qui s'est oublié lui-même jusqu'à faire jeter dans le Nil les cendres de l'ancien Mahdi — l'autre, représentée par Marchand, qui est arrivé jusque-là sans coup férir avec 200 Sénégalais et quelques officiers, et qui, déjà, a conquis à la France, par son seul ascendant, le peuple des Schillouks !.....

Pendant que ces événements se préparent ou se déroulent, l'action de la France continue vers le Nord.

Gentil a repris en partie le programme de Crampel. Mais, il a vu qu'il fallait utiliser les routes qui marchent, et il emporte avec lui un bateau démonté par tranches et qu'il faut transporter à pied d'œuvre. La besogne est pénible et se complique de tous les travaux inhérents par définition à toute exploration africaine. Enfin, après des efforts et des fatigues sans nombre, M. Gentil parvient à mettre à flot le bateau qui portera sa fortune africaine. Il descend le Chari, inaugurant des relations avec les populations riveraines, liant amitié (précaire ou solide?) avec le sultan du Baghirmi, Gaourang, et parvient enfin aux embouchures du Chari. Le *Léon Blot* flotte sur les eaux du lac mystérieux ; il porte les couleurs françaises.

Cependant, le déjà puissant chef de bandes esclavagistes, Rabah s'informe, non sans inquiétude, de ces blancs qui ont eu l'audace de franchir les bornes de son empire grandissant. Il a fait massacrer Crampel, tient dans son camp la petite pahouine Niarinzhe, devenue la femme de son fils aîné, et possède les fusils de l'explorateur et de sa troupe. Que va-t-il advenir de cette nouvelle rencontre?.....

Un ancien membre de la mission Maistre travaille de son côté, et d'après le système qui eût dû réussir à Mizon sur le Niger, à l'exécution du plan primitif de Crampel. Il ambitionne aussi d'effectuer un voyage utile *du Congo à la Méditerranée*. C'est de Béhagle, qui subordonne la politique internationale à la création d'intérêts commerciaux et économiques. Il est parti, lui aussi, dans la direction du Tchad pendant que Gentil en revient après avoir confié à un fonctionnaire d'élite, Rousset, la charge et la responsabilité de l'œuvre commencée.

De Béhagle n'ignore pas Rabah. Il a suivi pas à pas le développement de sa fortune, et il a conçu qu'il fallait essayer de mettre cette force indigène au service de la France.

Le voici dans le camp du conquérant. Il n'a avec lui qu'une dizaine de porteurs armés de fusils à tabatière, ce qui lui a permis de se présenter en commerçant pacifique qui demande, moyennant droit de passage, à regagner son pays par la route du Nord.

Le premier contact est paisible. De Béhagle connaît l'âme et la langue musulmanes, et cette science lui sert à bien sonder les projets de Rabah. Mais les conversations devenues plus fréquentes sont aussi plus précises dans leur objet, et un jour le problème se trouve posé entre les deux interlocuteurs : c'est la question des limites d'états, des vassalités indigènes, et de la puissance rabiste elle-même. L'accord ne se faisant pas, le désaccord naît..... Sur ce, Bretonnet, qui est venu au Chari relever Rousset de son intérim, semble vouloir diriger vers Rabah une action militaire à la tête d'une troupe de 43 sénégalais commandés par deux européens. A cette nouvelle Rabah entre dans une colère terrible, fait mettre de Béhagle aux fers et part avec 2 5oo hommes au-devant de son nouvel adversaire.

Bretonnet est massacré à Niellim avec toute sa troupe. Il ne survit qu'un seul sénégalais, Samba-Sal, qui, blessé et fait prisonnier, réussit à s'enfuir et gagne un poste français. On le fit chevalier de la Légion d'honneur.

— Où sont les blancs, demandait Rabah à Samba-Sal ?

— Ils sont tous là, morts.

Et Rabah, saisi d'admiration et peut-être aussi de crainte, ne pouvait se résoudre à croire qu'une aussi petite troupe eût pu tenir aussi longtemps contre son armée.

Pour se venger, il envoie à son fils Fad' el Allah l'ordre de pendre le blanc.

De Béhagle marcha au supplice l'âme fière et le front haut. N'était-ce pas l'accomplissement d'un rêve secret ?

Avant de mourir, il parla au peuple assemblé : « *Les Français*, dit-il, *ne craignent pas la mort. Mais Rabah a commis des crimes qui appellent le châtiment. Pour avoir tué, il sera tué. La France détruira sa puissance qui fut mauvaise, et il ne s'écoulera pas un an avant que lui et ses fils soient morts ou en fuite, abandonnés de tous. Et à l'ombre du drapeau de la France, les peuples du Tchad pourront vivre en paix et en liberté, grandir et prospérer.* »

Et quelques mois après, les trois grandes missions françaises : Foureau-Lamy, venus de l'Algérie à travers le Sahara, Joalland-Meynier (ancienne mission Voulet-Chanoine), venus du Soudan, et Gentil, venu pour la seconde fois du Congo, opéraient leur jonction sur les bords du lac Tchad, et unissant leurs troupes et leurs efforts sous la direction de M. Gentil, s'attaquaient à la puissance rabiste et la mettaient à mal dans une série de combats meurtriers, dont le plus important, sinon le dernier, celui de Kousseri, où périt Rabah, coûta aussi la vie au commandant Lamy, enseveli dans le triomphe.

La prophétie de de Béhagle s'accomplissait.....; le plan de Crampel était réalisé, et l'Afrique centrale était libérée de son fléau !

Messieurs, le pays qui a vu se dérouler les actes héroïques que je viens d'esquisser, le pays qui a vu se manifester de si superbe manière le génie

civilisateur de la France, ce pays est-il devenu vraiment ce que les politiciens omniparlants ont appelé « *une terre d'épouvante ?* »

La question est des plus graves. J'ai l'intention d'y répondre avec la
plus grande netteté. Mais, avant d'aborder le problème, disons quelques
mots du Congo lui-même. La connaissance matérielle du pays nous servira
dans l'étude qui va suivre.

L'européen, au Congo, y est, en somme, *déraciné*. Il est comme une
plante des pays du Nord, voie des climats tempérés, que l'on mettrait sans
transition dans une serre chaude. S'il est de tempérament vigoureux et
d'hygiène sévère, il peut résister au climat débilitant; mais encore lui faut-il
venir se retremper périodiquement aux bienfaisantes effluves du sol natal.

Le Congo est un pays rude, avec son climat chaud et humide, sur-
chargé d'électricité qui anémie et qui déprime ;

Avec ses fleuves formidables, obstrués de chutes et de rapides, qui en
rendent la navigation toujours pénible, souvent périlleuse, et où pullulent
les hippopotames curieux et les caïmans redoutés, toujours à l'affût d'une
proie ;

Avec sa brousse, herbes hautes et impénétrables, que la tornade vient
coucher et que les races locales incendient tous les ans pour se libérer de
leur étreinte;

Avec sa forêt vierge qui dresse vers le ciel des fûts de 40 et 5o mètres
de hauteur dont l'épaisse frondaison intercepte l'air et la lumière, où
l'homme se sent écrasé par la puissance de la nature, où presque seuls les
infiniments petits subsistent, chargés qu'ils sont d'effectuer les incessantes
transformations du sol et de ce qu'il supporte.

Avec sa faune, qui, après les grands animaux, quelques-uns redoutables,
réserve à l'homme, pour éprouver sa patience ou sa résistance, les plus in-
supportables de ses représentants de petite espèce : les fourmis de toutes
dimensions et de toutes teintes, qui montent parfois à l'assaut de l'homme
assez distrait pour couper leur route ou déranger leurs nids et lui font, de
leurs mandibules tenaces, de multiples et cuisantes morsures — les mous-
tiques, dont le bourdonnement aigu vient troubler le sommeil du blanc,
déjà torturé par la fièvre ; la chique, puce inperceptible, qui s'introduit
sous la peau pour y déposer ses œufs, et peut provoquer des ulcères, et enfin,
pour arrêter cette énumération, ce parasite du sang humain, le trypano-
some, véhiculé par la trompe du moustique, et qui provoque la maladie du

sommeil, funeste aux blancs (¹) comme aux noirs, quoique ceux-ci en soient plus habituellement les victimes ;

Pays rude, enfin, par les populations qui l'habitent, races plongées dans la barbarie ou encore dans l'enfance, habituées à la loi du moindre effort, coutumières souvent de l'anthropophagie, réfractaires toujours à la civilisation et à la colonisation des européens.

On le voit, la nature congolaise est en *position de défense* constante contre les entreprises des blancs.

PREMIÈRE SÉRIE DE PROJECTIONS

Explorations — Vues générales du pays — Fleuves, chutes, rapides — Navigation par pirogues.

*
* *

Quels sont donc les mobiles qui peuvent conduire l'Européen au Congo ? Il y en a trois. On va là-bas à la poursuite d'une idée scientifique ou religieuse : explorateurs de toutes catégories et missionnaires de toutes religions. On y va pour l'accomplissement de son devoir, civil ou militaire : fonctionnaires, officiers. On part enfin à la recherche d'un intérêt matériel : commerçants et colons.

Eh bien ! Messieurs, à l'occasion d'un fait ou de quelques faits dont le caractère individuel était nettement marqué, qui ont, durant de longs mois, défrayé la presse et émotionné à juste titre la conscience française, à l'occasion de l'affaire Gaud et de l'internement des femmes de Bangui, il y a eu dans une certaine école politique une tendance manifeste à englober dans une même réprobation tous les européens du Congo, et l'on a cherché à obtenir du Parlement, par des déclarations passionnées et des exagérations systématiques, la condamnation en bloc de la colonisation française (fonctionnaires et concessionnaires roulés dans un même sac).

Je ne puis que protester énergiquement, et, en ce qui concerne ces faits, je tiens à exprimer mon opinion de la façon la plus nette :

Il peut y avoir au Congo, comme en France, des hommes qui sont devenus des *criminels* ou des *fous*.

(¹) L'auteur a connu deux européens morts victimes de la maladie du sommeil : M. Souyri, administrateur, et le R. P. Gourdy, mort en France, après avoir livré à l'Institut Pasteur, dans une goutte de son sang, le secret vivant de sa redoutable maladie.

Aux criminels, le bagne ; et il faut se souvenir que la justice a prononcé des condamnations.

Aux fous, l'hôpital.

Et si je fais ici allusion à la folie, c'est parce que je sais, pour avoir failli être là-bas la victime d'un fou, que certains cerveaux résistent difficilement aux causes multiples d'exaltation que recèle la vie coloniale proprement dite, et qu'il ne suffit pas, dans cette atmosphère énervante, d'avoir la *santé physique*, mais qu'il faut surtout avoir la *santé morale*.

Laissons les coupables ou les malades à leur triste sort, et occupons-nous des autres.

On a fait des tableaux poussés au noir de ce que l'on définit les *mœurs coloniales*. Je reconnais qu'elles manquent trop souvent de bienveillance et de douceur. On peut cependant plaider les circonstances atténuantes, et il me sera d'autant plus aisé de le faire qu'il n'est permis à personne de dire que j'aie un seul jour usé, encore moins abusé de ma force au cours de trois voyages différents dans la colonie.

Nous avons dit déjà qu'il fallait à l'européen, surtout et par dessus tout la *santé morale*. Songez donc, je vous prie, à toutes les causes de dépression physique et morale que réservent à l'européen le climat et la vie coloniale : transplanté dans un pays si différent du sien ; vivant des mois et des années dénué de tout confort ; exposé aux fièvres dont chaque accès diminue la somme d'énergie et de résistance dont il pouvait auparavant avoir ample provision ; énervé par la tornade et par les insectes ; en butte à l'apathie de ses travailleurs ou à l'hostilité des indigènes ; imbu souvent de l'orgueil de sa race, sentiment que les circonstances peuvent exaspérer, mais non diminuer ; éloigné de tous les siens dont il n'a jamais que des nouvelles tardives ; ayant laissé parfois derrière lui des affections contrariées ou des soucis de famille ; il faut à l'européen, qu'il soit fonctionnaire ou colon, fournir une somme considérable de travaux variés rendus tous les jours plus pénibles par la fatigue provenant du climat lui-même. Comment voulez-vous que cet homme, s'il n'est pas d'un tempérament calme ou d'un caractère fortement trempé, ne succombe pas souvent, plus souvent qu'il ne faudrait sans doute, à toutes les causes d'impatience ou d'énervement que nous venons d'énumérer ?

Pour mieux me faire comprendre, je m'adresse aux mamans françaises qui sont ici réunies. N'est-il pas entre elles des différences très marquées dans la manière d'élever leurs enfants ? Telle maman, vive à l'excès, voire emportée, multiplie les réprimandes, a le geste prompt et la giffle fréquente ; telle autre, se montre d'une faiblesse déconcertante, jusqu'à perdre toute autorité sur ses enfants qui finissent par ne plus même lui témoigner un suffisant respect ; mais, il en est une, la vraie mère, qui sait user à bon escient de douceur et de fermeté, sévère aux manquements graves, indulgente aux fautes légères et qui sait parler tantôt à la raison naissante et tantôt au cœur sensible des êtres qu'elle a procréés. Des méthodes si différentes n'empêchent pas les enfants de grandir et de se former, et c'est le plus souvent la vie elle-même qui corrigera les défauts de l'éducation première. Mais s'il est de telles différences entre les mamans à l'égard de leurs propres enfants, comment se refuse-t-on à concevoir qu'il y en ait d'analogues entre les hommes mis au contact de races avec lesquelles ils n'ont aucuns liens de parenté, ni même aucun point de ressemblance ? Le contraire serait simplement admirable et il faudrait supposer que tous ceux qu'on envoie aux œuvres de colonisation sont des saints, au sens philosophique du mot. Nous serions plus riches en sages que la Grèce antique, qui, pourtant, en compta jusqu'à..... sept !

Eh bien ! il y a au Congo des hommes qui ressemblent assez à nos bonnes mamans de France, qui ont la notion très exacte des devoirs à remplir envers les indigènes. Ceux-là, ce sont les « négrophiles de raison », qui savent être en présence de populations dans l'enfance de l'humanité, et qu'il leur faut les éduquer.....

Concluons, en ce qui concerne les individus, qu'il n'est pas donné à tout le monde d'être un bon éducateur, mais qu'il existe cependant de bons éducateurs.

Faisons maintenant la part du Gouvernement local. Celui-ci traduit son esprit et ses tendances dans ce que l'on appelle « la politique indigène » Il y a deux façons de concevoir ce mot et cette chose. L'une, qui se qualifie « humanitaire », qui ne conçoit pas qu'il soit nécessaire, ni même utile, d'amener les populations indigènes à la loi de travail qui régit nos propres sociétés, et qui, sous l'invocation solennelle du grand principe de la liberté humaine, réclamerait en somme au bénéfice de ces races le droit à la paresse et à la barbarie. L'autre, qui s'inspire du bon sens et de la raison, qui admet que nous ayons, à côté des *devoirs de civilisation*, des *droits de colonisation*, qui conçoit la colonisation comme une fonction de la vie des peuples, et qui emprunte à l'histoire la preuve qu'un peuple qui ne colonise pas et qui renferme sa vie en lui-même est destiné à perdre de sa puissance, de sa force ou de sa grandeur. Cette école de politique indigène fait de l'application aux noirs de la loi de travail une obligation, sans même qu'il soit indispensable d'obtenir une adhésion préalable, car on ne nous a pas demandé, fort heureusement, la permission de nous instruire dans les lettres, les arts ou la connaissance d'un métier. Jeunes, nous eussions préféré l'école buissonnière, celle-là même que suivent les jeunes noirs laissés à eux-mêmes ; on a mieux aimé mettre dans nos mains les armes puissantes de l'instruction et de l'éducation. Ainsi devons-nous faire dans les pays que nous colonisons, mais avec tous les ménagements nécessaires.

Or, qu'est-ce que la « politique indigène » ?

On peut la définir : l'ensemble des mesures administratives, des méthodes générales ou des procédés individuels dont on peut se servir pour élever progressivement les populations indigènes au niveau intellectuel, moral et social que nous avons nous-mêmes atteint.

Comment faire l'application de ces méthodes ? Comment faire pénétrer dans les mœurs et les habitudes la loi du travail qui nous régit et qui contient le secret de tous les progrès humains ?

Il doit suffire d'abord d'exiger de ces populations une participation raisonnable aux frais d'organisation du pays et à la mise en valeur de ses différents territoires. C'est en cela que réside la question de l'impôt.

L'IMPÔT INDIGÈNE

Parce que sa perception a pu donner lieu à des erreurs ou a quelques abus, on en a demandé la suppression pure et simple. Faut-il donc admettre qu'il soit possible d'accorder indéfiniment à ces races les avantages de notre civilisation et de notre colonisation sans rien leur demander en échange ? Que nos travailleurs français et les indigènes de toutes nos colonies seront soumis à l'impôt et que, seuls, les noirs congolais en seront exempts *sine die* ? Les avantages de notre colonisation, de notre industrie, de notre commerce, cela se compte, cela se pèse, cela se transporte d'un port métropolitain à un port colonial, cela se traduit par une augmentation de bien-être dans leur vie matérielle ! Les bienfaits de notre civilisation, cela vaut dans l'ordre intellectuel, moral ou social ; cela se traduit par l'abolition de l'esclavage, la disparition des horribles coutumes de l'anthropophagie ou des poisons d'épreuves, la libération de la femme, la fixation de la famille ! Nous leur apportons surtout ces deux grands leviers de civilisation et de progrès : *le sens de l'avenir*, par où s'élèvent les races, et *le sens de la pré-voyance*, par où se perfectionnent les individus !

Eh bien ! tous ces avantages et tous ces bienfaits, pour que l'indigène les apprécie, il faut qu'il les achète d'un effort sur sa paresse native !

L'impôt, dès lors, est légitime.

Il ne reste qu'à déterminer la quotité de cet impôt, et à vérifier s'il dépasse les capacités du noir. Quand je vous aurai dit que l'impôt indigène au Congo s'élève à 3 francs par tête ou 5 francs par case, je vous aurai fourni la preuve qu'il n'a rien d'exagéré. Et quant aux procédés de perception, les faits prouvent (circulaires du Commissaire général, relations de M. M. Bruel et autres, rapports de M. H. Bobichon — voir *Bulletin du Comité de l'Afrique française*) que les fautes commises ne peuvent être qu'individuelles et que les méthodes prescrites ou appliquées sont aussi intelligentes que prudentes, ce qui explique, du reste, leur succès.

LE PORTAGE

Voici maintenant une autre question à propos de laquelle on a fait grand bruit en y employant toutes les ressources de la littérature pessimiste. C'est celle du portage dont on a demandé aussi la suppression pure et simple, ce qui est une erreur sociale et économique. Je veux bien cependant me ranger à l'idée de la suppression à la condition qu'elle soit générale et qu'on la réalise en France et dans nos colonies d'Asie aussi bien qu'en Afrique : nous sommes nombreux, parmi les coloniaux, qui n'avons pas attendu l'émotion factice des politiciens pour demander, en vue de la suppression du portage humain, au Congo ou ailleurs, la création de chemins de fer et l'emploi des animaux. Mais il ne faut pas oublier que le portage est un métier comme un autre. Les dockers, dans les ports, font du portage; les facteurs de l'administration des postes font du portage ; le fort des halles, qui prend sur ses épaules un sac de farine très lourd, fait du portage; et, peut-être vous est-il arrivé d'observer que le député le plus humanitaire fait faire du portage à son compte lorsqu'il confie à un homme sa lourde valise pour aller de la gare à l'hôtel. Il y a mieux, et l'on a oublié d'en parler parce que cela ne se pratique pas encore au Congo : la traction humaine. Lorsque je vois dans les rues des hommes attelés à des voitures à bras, lourdement chargées quelquefois, je ressens une peine très vive à n'être pas, comme certains politiciens qui font profession d'humanitarisme, doué des dons de la fortune, par ce qu'il me semble que j'emploierais cette fortune à trouver des moyens de transport, à petite force et à faible dépense, pour libérer ces hommes de leur métier si dur.

Voici donc que le portage est un métier au Congo, comme il en est un en France. Il nous reste à vérifier s'il est payé comme il doit l'être.

Je cite des chiffres : en 1893, lors de mon premier voyage au Congo, la charge de 30 kilogrammes coûtait, pour être portée à Brazzaville : 500 kilo-mètres. 16 jours, une somme de 37 fr. 50. En 1898, à la veille de l'inau-guration du chemin de fer belge de Matadi, la même charge était payée 70 francs, ce qui portait à plus de 2 000 francs le coût de transport d'une tonne de marchandises. Ainsi, les lois de l'offre et de la demande avaient eu leur jeu là-bas comme ici.....

Si l'on voulait, en tenant compte de ce coût total, d'une charge et du temps nécessaire à son transport, faire la comparaison avec les soldes d'Europe, on constaterait que les noirs, qui parcouraient en longues théories la brousse congolaise, recevaient un paiement à peu près égal à celui de nos facteurs ruraux, dont les besoins, on voudra bien le reconnaître, sont supé-rieurs à ceux de nos indigènes.

Je n'irai cependant pas jusqu'à soutenir que tout est bien dans le portage. Je sais en quoi consiste le mal, et je veux vous le dire. Le mal, c'est l'indifférence habituelle de l'européen pour le bien-être matériel de ses porteurs; et c'est encore la mauvaise coutume, introduite par les Portugais, de payer en partie avec de l'alcool de traite. Il n'est pas impossible, loin de là, de remédier à ces deux maux. Et puisque le portage sera encore nécessaire et que la création des voies ferrées projetées ne fera que déplacer les routes de caravanes, il faudra, d'un côté, supprimer la distribution d'alcool au titre ration ou au titre paiement, et, d'un autre côté, organiser le long de la route caravanière des caravansérails où les porteurs seront assurés de trou-ver un abri et des vivres frais.

Ces considérations pourraient paraître suffisantes, mais il faut tout dire et tout examiner. Il s'est trouvé au Congo une époque, un moment où le portage a pesé lourdement sur des populations qui ne l'avaient pas préala-blement accepté comme l'avaient accepté les Loangos. Ceux-ci en vivaient et quelques-uns s'y enrichissaient. Les autres en ont souffert. C'était à l'époque — 1898-1900 — où se déroulait, dans le bassin même du Tchad, la lutte, que j'ai à peine indiquée, contre les bandes esclavagistes de Rabah. Il s'est trouvé, à ce moment, que des fonctionnaires installés dans les postes de base et de transit ont été pris entre deux devoirs également impérieux qui consistaient : l'un, à ravitailler à tout prix, sous peine de les exposer à un massacre total, les troupes régulières qui coopéraient à la lutte contre l'esclavagisme africain, et l'autre, à ne pas écraser les populations indigènes de l'Oubanghi et du Haut-Chari sous le poids douloureux d'opérations de portage successives, pénibles et acceptées de mauvais gré. Mais qui donc oserait, connaissant les circonstances, incriminer ces hommes d'avoir choisi le moindre mal et tourné de préférence leurs regards vers ceux qui, étant de leur race, exposaient leur propre vie pour le progrès de l'humanité ?

Des noirs ont souffert, des noirs sont morts. Ils ont payé la rançon de leurs frères de misère, et leur sacrifice se trouve balancé par celui des Crampel, des Biscarrat, des Lauzière, des d'Uzès, des de Béhagle, des Bretonnet, des de Cointet, des Lamy, des Rousset et de tant d'autres, venus du sud, venus de l'ouest, venus du nord pour arroser et féconder de leur sang de héros le centre de l'Afrique embrumé de barbarie !.....

LA JUSTICE

De toutes les préoccupations qui doivent guider la conduite des fonctionnaires chargés au Congo de la politique indigène, l'une des plus importantes est celle de la justice. Les noirs en ont le sentiment très vif. Elle est, à leurs yeux, le plus haut attribut de la puissance souveraine et la plus belle prérogative du commandement. Ils vont instinctivement vers le blanc pour lui soumettre leurs différends. Parfois même ont-ils un mince souci de la hiérarchie administrative et essaient-ils de se faire juger par ceux qui leur paraissent doués des qualités voulues pour bien juger. Plus d'un européen, sans caractère officiel, s'est trouvé sollicité de régler des palabres, et je pourrais raconter un jugement curieux qui, parce qu'il participait exactement de la méthode de Salomon, satisfit complètement les deux parties, quoique l'affaire fût épineuse et délicate — « cherchez la femme » !

Or, la question se pose de savoir s'il faut donner aux indigènes « notre justice » ou simplement « la justice » ? C'est cette dernière formule que j'adopte sans hésiter. Pour que la justice que nous appliquons obtienne tous ses meilleurs effets, il faut qu'elle s'adapte pleinement à leur mentalité et à leurs mœurs.

Voici un cas. Il n'est pas quotidien ; il a été cependant assez fréquent. Il est surtout de nature à frapper l'esprit des indigènes et à rester fixé dans leurs souvenirs :

Le chef Boutikra du Haut-Oubanghi attaque un poste, tue le sergent qui commande et les 17 sénégalais qui sont sous ses ordres ; il attaque ensuite la factorerie voisine, tue les deux blancs qui l'habitent et quelques-uns de leurs boys, organise, avec les cadavres encore chauds, un repas monstrueux de chair humaine et s'enfuit ensuite dans la brousse en emportant : marchandises, armes, munitions et vivres. On le poursuit. Il franchit le fleuve et se réfugie sur la rive belge. L'action diplomatique est engagée localement en vue de l'extradition après capture. Nos voisins déploient un empressement de commande : les mois, les années s'écoulent. Enfin Boutikra est pris !

Dira-t-on qu'il fallait l'envoyer au chef-lieu pour y être jugé et exécuté suivant toutes les formes ? Si on l'eût fait, les indigènes auraient trouvé maintes explications pour assurer que le grand chef avait échappé à la justice des blancs et que sa réapparition se ferait à l'une ou l'autre lune prochaine. Et en attendant son retour ils eussent recommencé ailleurs ! On fit bien mieux de le faire reconnaître par d'autres chefs de villages voisins et d'obtenir simplement ses aveux. Il avoua, du reste, non sans forfanterie, proclamant que la chair des blancs était bien meilleure que celle du meilleur cabri. On l'exécuta devant tous les chefs du pays spécialement convoqués à cet effet. L'exemple est demeuré salutaire.

Le sergent s'appelait Guélorget. On peut lire aujourd'hui ce nom sur la carte du Haut-Oubanghi.

Messieurs, c'est là toute la question de la *justice sommaire*. Elle a passionné l'opinion mal instruite des faits réels. En réalité, chaque cas vaut être examiné scrupuleusement dans ses circonstances, sous peine, pour vouloir rendre à distance, nous-mêmes, au bénéfice des noirs, une justice hypothétique, d'être souverainement injustes à l'égard des blancs qui administrent le pays.

Ce que l'on peut demander avec raison, c'est que l'exercice des pouvoirs judiciaires ne soit laissé qu'aux plus sages des administrateurs et des représentants de la puissance française. On peut enfin exiger que les jugements congolais soient entourés des garanties essentielles.

D'autres problèmes de politique indigène mériteraient de retenir notre attention : rapports des musulmans et des fétichistes, esclavage, puissance des chefs féticheurs, libération des races, fixation de la famille, organisation de la propriété indigène....., Il y faudrait plusieurs cours.

Disons seulement que le secret de la bonne politique indigène réside dans le choix de ceux qui doivent la pratiquer. Trop souvent encore l'on envoie dans ces pays les déchets de notre vie politique et sociale. Eh bien ! ce sont plutôt les meilleurs d'entre les français qu'il faut envoyer là-bas, puisque aussi bien ils doivent y réaliser une œuvre totale d'éducation d'une portion d'humanité demeurée en retard.

DEUXIÈME SÉRIE DE PROJECTIONS

Races et types du Gabon, du Loango, du Congo, de la Sangha, de l'Oubanghi, du Chari.

Il nous reste à examiner très rapidement les problèmes économiques que le Congo a présentés ou présente encore à notre activité.

Si le mot est juste du baron Louis, qui disait : « faites-moi de bonne politique, et je vous ferai de bonnes finances », nous en pouvons faire l'application au Congo et dire : « faites de bonne politique indigène et vous aurez des budgets prospères ».

Or, voici qu'après la clôture de l'exercice 1904, la situation budgétaire de la colonie est la suivante :

CAISSES DE RÉSERVES

Gabon..........................	386.431 fr. 79
Moyen-Congo....................	983.160 38
Section spéciale.................	765.531 18
Total...............	2.135.123 fr. 35

Ce qui signifie que le budget congolais qui ne connaissait antérieurement que les déficits, généreusement comblés par les subventions de la Métropole, additionne maintenant les excédents, et qu'il pourrait se passer complètement du secours de la Métropole si des œuvres considérables et urgentes d'organisation définitive ne faisaient au gouvernement local l'obligation de le demander encore. Nous verrons dans quel but. Mais, tel quel, le budget congolais est prospère.

Comment a été obtenue cette prospérité ? Par une augmentation du trafic général, conséquence du régime concessionnaire, et par l'organisation progressive de l'impôt indigène. Les résultats acquis ne sont qu'un commencement.

On sait en quoi consiste le régime concessionnaire. Dans cette colonie, où seuls quelques commerçants isolés, pour la plupart anglais, allemands ou portugais, se livraient au commerce de troc, qui n'est qu'une razzia commerciale, on institua de vastes concessions territoriales attribuées à des Sociétés anonymes.

Que ce système ait eu une influence marquée sur le commerce du Congo, c'est indiscutable. En voici la preuve :

C'est en 1898 que se dessine le mouvement, sous l'influence directe des Belges, créateurs et possesseurs de la voie ferrée de Matadi unissant le Pool à la mer. Or, en 1897, le mouvement commercial du Congo, importations et exportations réunies, s'élève au chiffre de 8 850 470 francs sur lequel les importations de France s'élèvent à 991 764 francs; celles de l'étranger à 2 560 000 francs, et les exportations pour la France à 835 487 francs; celles pour l'étranger à 4 442 000 francs.

On le voit, le mouvement commercial est faible, et c'est l'étranger qui en bénéficie pour les trois quarts.

En 1899 et 1900, les Sociétés s'installent. Les marchandises d'importation affluent. Le mouvement commercial de 1900 s'élève à 18 millions de francs sur lequel les importations seules représentent 10 millions et demi. C'est le renversement des proportions. Dans ce total, la part respective de la France et de l'étranger s'établit comme suit :

Importations de France	4.862.992 francs.
— de l'étranger........	5.676.321
Exportations pour France........	2.600.242
— pour l'étranger,.....	4.929.687

La part de nos rivaux est encore la plus forte. Cependant, l'expérience du nouveau régime n'est pas favorable à toutes les Sociétés. Quelques-unes d'entre elles n'ont pas rencontré la contre-partie de leurs efforts : des concessions sont sans valeur, et dans d'autres territoires qui ont une valeur économique, les indigènes demeurent réfractaires aux échanges ou à la production. Aussi n'est-il pas surprenant de constater que le mouvement commercial de 1902 retombe au chiffre de 14 115 000 francs. Les importations de France et de l'étranger s'équilibrent avec des chiffres respectifs de 2 735 000 francs et 2 043 000 francs. Seules les exportations pour l'étranger, 6 059 000 francs, dominent encore celles à destination de France, qui ne s'élèvent qu'à 2 368 000 francs.

L'année 1904 marque un progrès manifeste. C'est désormais l'essor.

Les Sociétés deviennent en plus grand nombre prospères et elles parviennent à se libérer en partie de la domination économique des représentants du commerce étranger. Le mouvement total de 1904 s'élève à 21 115 454 francs et dans ce chiffre la part respective de la France et de l'étranger s'établit comme suit :

Importations de France 4.804.994
— de l'étranger 3.264.785
Exportations pour France 3.933.996
— pour l'étranger 7.302.008

On le voit, la part de notre pays aux importations est devenue prépondérante. L'on est revenu chez nous de cette assertion répandue par nos rivaux et trop facilement acceptée par nos exportateurs que, par exemple, l'industrie française des cotonnades ne pouvait lutter avec avantage contre l'industrie similaire des pays étrangers. J'ai, pour ma part, été assez heureux pour obtenir, comme conséquence de mes conférences sur la question du coton colonial, le déplacement de commandes importantes désormais acquises à des industriels français.

Il reste encore que les exportations pour l'étranger sont de beaucoup supérieures, et dans cette différence réside toute la question des marchés coloniaux français. L'ivoire et le caoutchouc de notre grande colonie sont expédiés à Anvers. Il est probable que la création du marché de caoutchouc de Bordeaux modifiera d'ici peu cette situation désavantageuse.

Tels sont les résultats économiques du régime concessionnaire.

Et là encore, parce qu'il a été commis des erreurs ou des fautes, l'école de politiciens dont j'ai déjà parlé réclame la suppression pure et simple des concessions.

Il faut admirer cette facilité avec laquelle quelques-uns réclament — sans responsabilité — des suppressions qu'ils ne balancent d'aucune proposition nouvelle ou intéressante. En voici trois pour le Congo : suppression de l'impôt; suppression du portage; suppression des concessions. Cela supprime, en effet, les difficultés du gouvernement ou de l'organisation économique. Mais s'il est vrai qu'il serait relativement aisé de prononcer et de réaliser les deux premières — au grand dam, du reste de la colonie et des européens qui l'habitent — il serait tout à fait malaisé de prononcer et de réaliser la troisième.

Les concessions ont fait l'objet de contrats bilatéraux entre l'Etat et les

Sociétés. Le premier a donné des droits, et par conséquent fait naître des espérances qui ont été escomptées; mais par contre il a imposé des obligations. Droits et devoirs sont devenus réciproques du jour de l'échange des signatures et ils se trouvent confirmés par une exécution qui remonte déjà à plusieurs années. Voici l'économie générale du système :

En échange de la concession de l'exploitation des produits du sol considérés comme étant la propriété de l'Etat, les Sociétés, dont le contrat est d'une durée limitée de trente années, sont astreintes à payer des redevances élevées établies progressivement par périodes décennales. Ainsi, la plus importante d'entre elles doit payer : 50 000 francs par an pendant le premier cycle, 100 000 francs par an pendant le second et 150 000 francs par an pendant le troisième et dernier cycle. En outre, elles ont des redevances fixes à payer pour les postes de douane et pour la construction des lignes télégraphiques. Sur leurs bénéfices nets, elles doivent verser 15 o/o à l'Etat, représenté par la colonie. Elles avaient des charges onéreuses de navigation, mais elles sont parvenues à les mettre en commun, sous la forme de Compagnies de navigation. Elles ont toujours l'obligation de réensemencer 150 pieds de lianes par tonne de caoutchouc exportée.....

C'est le cas de dire que le privilège n'est pas donné; il a bien le caractère onéreux.

Certes, le système n'est pas exempt de critiques légitimes. Nous les avons faites en temps voulu. Et quant aux erreurs ou aux fautes nées de l'application, je n'hésite pas à affirmer qu'elles proviennent généralement de l'influence marquée qu'ont eue nos voisins les Belges dans sa mise en train. Ils ont importé chez nous des méthodes qui leur étaient familières, mais qui ne pouvaient cadrer avec nos institutions coloniales. Ces méthodes sont remplacées par d'autres meilleures qui nous ont réussi dans d'autres colonies et qui nous gagnent la collaboration de l'indigène au lieu de la forcer. Ce sont là les méthodes françaises.

Recherchons les autres conséquences de ce régime économique.

Au titre de la redevance fixe annuelle, les Sociétés ont versé, en sept années, une somme totale de 2 076 500 francs; au titre de la contribution pour les postes de douanes, 50 000 francs; du titre de la redevance de 15 o/o sur les bénéfices, une somme de 188 011 francs. Enfin, elles ont payé 2 000 000 pour les droits d'enregistrement et de timbre, et apporté à la colonie une plus-value de 4 000 000 dans les recettes de douanes.

On a dit : c'est un régime capitaliste !

En effet, le capital des Sociétés qui devrait s'élever, en totalisant les indications des décrets de concession, à 51 675 000 francs, s'est trouvé, en réalité, porté à 59 225 000 francs ? Quoi donc d'étonnant ? Le Congo est-il une colonie où le prolétariat français puisse émigrer en toute sécurité ? Non. Dans la négative fallait-il laisser en jachère ces terres riches et dans la paresse indéfinie les populations qui y vivent ? Tant qu'on n'aura pas trouvé d'autre fécondant que la circulation monétaire, il faudra bien s'adresser au capital !

Imaginez ce mouvement qui a accompagné les Sociétés concessionnaires. Des européens ont été envoyés, des travailleurs ont été recrutés, des bateaux ont été lancés dans tous les biefs navigables, des constructions ont été édifiées, la brousse et la forêt ont été pénétrées, des marchandises et des vivres ont été importés, des espèces monétaires ont été introduites, des paiements variés ont été effectués..... et des races entières ont été mises en mouvement de production. Tout cela, c'est la vie, là où régnait l'indolence des êtres, et c'est le progrès là où régnait la stagnation. Les chiffres suivants le traduisent :

Jusqu'à la fin de 1904, les Sociétés concessionnaires ont introduit 14 millions d'espèces et 24 millions de marchandises.

Elles ont dépensé : 2 millions pour plantations ; 6 millions pour la flottille ; 9 millions en salaires et 11 millions pour le personnel blanc.

C'est cela qui féconde le sol colonial. Les populations améliorent leur vie ; puis, devenues plus riches, elles seront de meilleurs clients de l'industrie et du commerce français qu'elles alimenteront, en outre, de matières premières.

Au surplus, on sait que la colonisation présente au capital des aléas redoutables. Elle fait attendre pendant de longues années les résultats favorables et ménage souvent des échecs définitifs. Voici un tableau qui vaut sur ce point la plus longue des dissertations :

ANNÉES	SOCIÉTÉS	GAINS	SOCIÉTÉS	PERTES	EXCÉDENTS
1900	3	291.000 fr.	29	2.871.000 fr.	— 2.600.000
1901	2	114.800	30	4.355.000	— 4.250.000
1902	3	81.614	29	3.865.000	— 3.780.000
1903	8	1.017.500	24	2.080.000	— 1.500.000
1904	12	2.844.000	20	1.125.000	+ 1.720.000

Si donc l'on veut absolument rechercher le point de vue capitaliste, l'on se rend compte que les bénéfices sont légitimés par les risques et que, tous comptes faits et toutes critiques de détail posées, le système n'était pas sans valeur, appliqué au seul Congo.

Il ne saurait donc être question de le supprimer, d'autant que ce serait exposer l'Etat à des revendications coûteuses, à des indemnisations élevées. C'est encore le bon contribuable qui serait appelé, sous des formes déguisées, à payer les cent millions que coûterait au bas mot le trait de plume que certains hommes politiques réclament avec une si inconcevable légèreté. Je pense que le contribuable a le droit d'exiger qu'on ne lui fasse pas payer le prix élevé d'expériences économiques contradictoires, et qu'on laisse se dérouler les effets du système inauguré, étant bien entendu qu'il faut chercher tous les moyens pratiques d'améliorer son fonctionnement.

Pour expliquer encore les progrès de la situation budgétaire au Congo, je dois encore citer un chiffre, celui qui représente le rendement progressif de l'impôt indigène.

Cet impôt a donné :

En 1902............................ 90.970 fr. 23
    1903 .... 284.578   70
    1904............................. 507.793   23

Sur ce dernier exercice, il restait à recouvrer 135 075 francs.

Or, la population indigène du Congo est estimée de 8 à 10 millions. Personnellement, je pense fermement qu'elle s'élève à 12 millions environ. C'est dire que par la seule organisation de l'impôt, sans qu'il soit nécessaire d'en surélever le taux actuel de 3 francs, la colonie est assurée de trouver sur elle-même les ressources nécessaires à la création de son outillage.

Et c'est par l'examen rapide de cette question que nous terminerons cette causerie déjà trop longue et que je craindrais, en développant encore mon sujet, de rendre par trop aride et fastidieuse.

La colonisation du Congo repose sur deux assises : l'une, qui est construite : ce sont les concessions dont je viens de vous parler ; et l'autre qui est inexistante : c'est l'outillage économique.

On a occupé le pays, on l'administre depuis vingt ans, on a constitué 40 concessions, et l'on a eu la prétention de mettre ces immenses régions en valeur sans y créer les outils de l'exploitation ; on a voulu coloniser un

pays deux fois et demi plus grand que la France sans le doter de chemins
de fer et de voies navigables sûres. Combien meilleure est la méthode belge,
participant des méthodes américaines — (la voie ferrée crée le trafic) — et
s'inspirant de la parole de Stanley qui valait pour le bassin tout entier :
« sans le rail, je ne donnerais pas un shelling du Congo ! »

C'est merveille que la colonisation du Congo ait pu donner les résultats
que j'indiquais tout-à-l'heure. Mais il faut dire tout de suite que le secret
en est contenu dans l'existence et le bon fonctionnement du chemin de fer
belge de Matadi. Autant dire qu'il eût pu suffire à la France, augmentée de
la Suisse, de la Belgique et de la Hollande, du chemin de fer qui unit Paris
et Rouen !

On connaît l'histoire.

France et Belgique visent à posséder sur leur territoire colonial l'ins-
trument qui dominera la colonisation de l'immense bassin du Congo,
18 000 kilomètres de voies navigables. L'une et l'autre veulent unir le Stan-
ley-Pool à la mer. Mais, tandis que nous perdons de longues années à la
recherche de solutions variées et que nous imaginons une voie mi-ter-
restre et mi-fluviale, nos voisins tracent la ligne droite et en poursuivent
l'exécution à travers les mille obstacles du redoutable massif des monts de
Cristal. En 1898 ils inaugurent leur voie ferrée de 400 kilomètres que
nous n'avons pas encore posé chez nous un seul mètre de rail dans la direction de Brazzaville. Notre velléité d'effort se trouve brisée pour de longues
années, et la colonisation de notre Congo a contribué pour une bonne part
à la prospérité de nos voisins de l'autre rive congolaise.

Fallait-il admettre que notre colonie fût indéfiniment à la merci d'une
voie ferrée étrangère située en territoire étranger ?

M. le Commissaire général Gentil ne l'admet pas et c'est sous son
administration qu'a été mis à l'étude le projet Gabon-Congo, indiqué pour
la première fois en 1896, et mis en discussion en 1898 par le projet Gabon-
Sangha de mon ami M. l'Administrateur Fourneau, aujourd'hui lieute-
nant gouverneur du moyen-Congo. Je garde le meilleur souvenir de la
lutte franche et courtoise qui nous mit aux prises, chacun pour sa concep-
tion, sans laisser entre nous le moindre germe ou de mésestime ou d'ini.
mitié.

Donc le Congo français aura d'ici quelques années son chemin de fer.

Et l'on prévoit déjà un emprunt de 75 millions de francs.

Ce n'est évidemment que la moitié des avances dont la colonie aura besoin pour accomplir l'œuvre totale de son organisation définitive, tant politique et administrative qu'économique. Mais il est sage de diviser l'effort en le proportionnant aux possibilités du moment. Quand celles-ci seront devenues plus grandes, quand le mouvement commercial aura triplé et les ressources budgétaires décuplé, alors on pourra préparer l'effort final.

L'outillage économique total se conçoit non pas seulement avec un chemin de fer, mais aussi avec des ports bien outillés et des points commodes d'embarquement, avec des lignes télégraphiques, des voies navigables bien repérées, un recensement aussi complet que possible des populations indigènes, et un inventaire méthodique des richesses locales.

Puis, à côté de l'outillage économique, il faudra créer l'outillage social : écoles professionnelles, assistance médicale, instituts scientifiques où sera organisée la lutte contre les épidémies et les épizooties, jardins et fermes d'essais.

Il faudra domestiquer les forces animales, utiliser les forces naturelles, exploiter toutes les richesses végétales ou minérales.

Tout cela exigera des avances considérables. Par prudence et bonne politique les problèmes devront être classés suivant leur ordre d'importance. Mais, dès aujourd'hui, la métropole peut être rassurée sur l'avenir de sa colonie équatoriale. Sous l'administration de son Commissaire général actuel, elle a fait preuve de richesse et de prévoyance.

Il est donc possible de lui faire crédit.....

TROISIÈME SÉRIE DE PROJECTIONS

Carte raisonnée des concessions — Carte des chemins de fer congolais
Habitation — Agriculture — Portage — Chasse — Domestication de l'éléphant.

Tels sont, Messieurs, les problèmes de politique indigène et de politique économique que la colonie du Congo offrait à notre examen.

Je m'excuse encore d'avoir été si long et, sans nul doute, si ennuyeux. Mais le temps est passé, du moins au lendemain des violentes polémiques que vous savez, des histoires amusantes et des récits pittoresques.

Je souhaite d'avoir pu vous intéresser à cette colonie si longtemps abandonnée à elle-même. Je désire que les considérations émises vous donnent des clartés suffisantes de l'ensemble et que lorsque des informations congolaises viendront fixer votre attention, vous puissiez vous servir, pour juger sainement, des faits que j'ai exposés ou des idées que j'ai essayé de faire valoir.

Je tiens aussi à affirmer ma confiance absolue en l'avenir du Congo.

Je tiens surtout à répéter qu'il ne peut pas appartenir à un politicien quelconque qui n'a pas connu ces pays, vécu leur vie et leurs problèmes, approché ni étudié leurs populations, ni vu à l'œuvre quelques-uns des pionniers de la France africaine, et qui de plus est animé de la passion politique, de nier la civilisation française ni d'arrêter l'essor du Congo. Les erreurs et les fautes de quelques-uns sont des ombres au grand tableau que nous dessinons aux rives du puissant Zaïre. Vous détournerez vos yeux de ces ombres en attendant que d'autres les effacent par des œuvres nouvelles de justice et de bonté, et vous serez indulgents aux vivants en souvenir des morts glorieux. Ceux-ci, très nombreux, se dépensèrent, souffrirent et sacrifièrent leur vie ? N'est-ce pas de quoi faire oublier les autres ?

www.ingramcontent.com/pod-product-compliance
Lightning Source LLC
LaVergne TN
LVHW012105170726
843501LV00008BC/2757